AF263056

LETTRES

SUR

L'ASILE PUBLIC DES ALIÉNÉS

DU DÉPARTEMENT DU GERS,

EN RÉPONSE A CELLE DE M. L....

Par L. MOLAS,

MÉDECIN DE CET ÉTABLISSEMENT.

AUCH

IMPRIMERIE ET LITHOGRAPHIE DE J. FOIX, RUE BALGUERIE.

1854.

Ces lettres n'étaient point pour être publiées. En les livrant à l'impression, le but principal que nous nous sommes proposé a été de témoigner publiquement notre gratitude à l'administration de l'Asile.

Nous nous sommes proposé aussi de faire ressortir l'utilité de ces sortes d'établissements, de combattre des idées préconçues sur les maladies mentales; de faire connaître les causes qui, le plus souvent, les déterminent, et tâcher d'atténuer la répulsion que provoquent chez la plupart des personnes les individus atteints de ces affections, et, enfin, de détruire cette funeste opinion, généralement répandue, que ces malades sont incurables.

Notre opuscule, n'aurait-il pour résultat que d'appeler quelque consolation et l'espérance dans les familles qui comptent quelqu'un de leurs membres atteint d'aliénation, que notre ambition serait complètement satisfaite.

Auch, le 30 juin 1854.

LETTRES

SUR

L'ASILE PUBLIC DES ALIÉNÉS

DU DÉPARTEMEMT DU GERS,

EN RÉPONSE A CELLE DE M. L....

MONSIEUR,

Je réponds à la lettre que vous m'avez fait l'honneur de m'écrire au sujet de l'Asile des aliénés, et des améliorations importantes que l'administration se propose de faire exécuter dans cet établissement. Vous paraissez douter de l'utilité de ces améliorations; et vous voulez bien croire, qu'en ma qualité de médecin de l'établissement, je pourrai, peut-être, vous édifier à ce sujet. Je vais essayer, Monsieur, de répondre à vos désirs :

Le quartier de la Maison de Secours affecté aux aliénés (l'Asile), était depuis longtemps reconnu insuf_fisant pour remplir d'une manière convenable l'objet de sa destination. Construit à une époque où les conditions architecturales n'étaient pas encore fixées pour ce genre d'édifices, les progrès de la science ont fait connaître que ses dispositions qui, au temps de

son érection, paraissaient être des mieux appropriées,
laissent au contraire aujourd'hui beaucoup à désirer.
L'administration, dans sa sollicitude pour l'avenir de
cet établissement, trop peu spacieux d'ailleurs pour
sa population, suivait avec une attention soutenue la
marche de ces progrès et n'aspirait qu'au moment de
pouvoir en faire l'application. Mais dans ces sortes de
choses, comme dans bien d'autres, les meilleures
intentions, les plus beaux projets ne sont pas toujours
ceux qui sont le mieux accueillis. Combien d'efforts,
que de persévérance ne faut-il pas souvent pour les
faire aboutir ! Ce qui est arrivé à l'administration
dont je parle en est une preuve évidente. Il serait
oiseux, il serait même peu obligeant pour certaines
personnes de rappeler, ici, les circonstances qui em-
pêchèrent l'exécution de ces projets. Malgré les con-
trariétés de tout genre, malgré les ajournements, les
rejets, etc., l'administration a été enfin autorisée à
employer à cette œuvre le fruit des économies qu'elle
avait su réaliser pendant trente années.

Je suis heureux de le dire hautement, cette administration si dévouée à sa louable tâche a été mer-
veilleusement secondée par quelques-uns des magistrats qui ont occupé la préfecture du Gers, et surtout
par M. Paul Féart, préfet actuel, dont tout le monde
apprécie le zèle éclairé et l'esprit d'initiative; c'est à
la persévérance de cet habile administrateur et sur
l'exposé remarquable qu'il fit des besoins de cet établissement que le Conseil général du Gers, dans la
session de 1853, vota, sans hésiter, des fonds pour
son agrandissement. Les élus du pays, en s'associant

« l œuvre de M. le Préfet, ont prouvé, une fois de plus, leur sympathie pour le magistrat dont le nom sera inséparable de l'édifice élevé au soulagement des plus grandes infortunes qui puissent affliger l'humanité.

Pour vous faire connaître toute l'importance de ces sortes d'établissements, je crois nécessaire d'entrer dans quelques détails qui, je le crains bien, vous fatigueront, mais qui cependant sont indispensables.

Tout le monde comprend la nécessité qu'il y a de renfermer un fou dangereux; mais tout le monde ne comprend pas que ce moyen de sécurité peut être une cause d'aggravation de son mal ou un instrument de sa guérison. Renfermé, comme on le fesait autrefois, pieds et poings liés, dans une loge étroite, espèce de cachot noir, sans air et sans lumière, ayant pour tout ameublement un peu de paille brisée répandant une odeur infecte, et pour toute nourriture un peu de pain, des fèves et de l'eau, ce malheureux, par un excès de mal et de misère, tombera infailliblement dans un état de démence incurable. L'expérience et le bon sens prouvent au contraire que, placé dans un lieu convenablement disposé et réunissant les conditions que je ferai bientôt connaître, conditions essentielles pour un traitement fructueux et sans lesquelles tous les autres moyens échouent, cet aliéné, à la nourriture duquel on a d'ailleurs abondamment pourvu, car il ne faut pas perdre de vue que la folie appartient aux maladies nerveuses, et que ces maladies sont en raison directe de l'état de faiblesse; c'est ici le cas de le dire en passant que les saignées que l'on prodiguait tant autrefois et dont quelques médecins usent encore sont

en général préjudiciables aux fous, cet aliéné, dis-je,
que l'on croyait perdu pour sa famille et pour la société, revient à la raison et reprend son rang parmi les
hommes. On est d'autant plus sûr d'atteindre ce résultat que la maladie est plus récente et qu'on n'a
pas affaibli le malade par d'autres moyens. Il ne
s'agit donc pas de séquestrer un fou pour l'empêcher
seulement de nuire à lui et aux autres, il faut encore
chercher à le guérir. C'est l'entendu de la loi de 1838
sur les aliénés, loi dont on ne saurait trop admirer la
sagesse et l'humanité. Aussi depuis sa promulgation,
des asiles ont-ils été construits dans presque tous
les départements; et par asile, nous devons entendre,
non pas, encore une fois, une maison de réclusion
avec ses barreaux, ses guichets et ses geôliers, mais
un édifice disposé de telle sorte qu'il ne ressemble en
rien à une prison. — Comment voulez-vous qu'un
malheureux mélancolique qui se croit poursuivi par
la justice pour un crime imaginaire passible de l'écha-
faud puisse ne pas être convaincu de sa faute et du
supplice qui l'attend en se voyant sous les verrous
et traité comme un prisonnier. — Et cet autre qui se
croit au pouvoir de tous les diables qui le tourmentent
jour et nuit, croyez-vous le guérir de la terreur qui
s'est emparée de son âme en le tenant dans un bouge
obscur qui inspire par lui-même la tristesse?... Il
faut, au contraire, que le bâtiment ait quelque chose
de grandiose, de manière à frapper agréablement
l'imagination. Les Anglais ont compris toute l'importance de cela, aussi dit-on d'eux qu'ils logent leurs
fous dans des palais et leurs rois dans des prisons. Il

faut encore que la distribution intérieure soit bien entendue pour loger séparément les différentes catégories des malades indiquées par les principaux genres de folie; que partout il y ait de l'eau, de la lumière et de l'espace; que les malades soient bien nourris, bien vêtus et bien couchés; que des travaux de toute nature les occupent sans cesse; que l'ordre et la propreté règnent partout autant que possible. Les gardiens et les serviteurs doivent être intelligents, doux, patients, polis, et s'occuper activement de leur besogne. De cette manière seulement, le traitement indiqué par le médecin peut produire tout son effet et permettre de compter de nombreux succès.

En y réfléchissant un peu, on se rend facilement compte des effets de la séquestration ou, si vous l'aimez mieux, de l'isolement considéré au point de vue de la guérison. Dans le traitement de la folie, il faut agir à la fois sur le moral et sur le physique, car l'esprit et la matière, l'âme et le corps, unis par la vie comme par un trait-d'union spirituel, quoique d'une nature bien différente, sont cependant dans une trop grande dépendance l'un de l'autre pour qu'ils ne s'influencent pas réciproquement (1). Que le moral for-

(1) L'homme a été considéré comme une intelligence servie par des organes. On peut ajouter, sans crainte de se tromper, qu'entre le maître et les serviteurs il y a une union, une intimité telle qu'ils ne peuvent point se passer l'un de l'autre, et que ce serait ne pas vouloir les connaître du tout que de les considérer, à l'exemple des réalistes et des idéalistes, chacun en particulier. Cette intelligence, dont le Dr Guislain a fait un sens psychique, n'est autre chose que l'âme dont les manifestations ou les facultés ne s'opèrent, en effet, qu'à l'aide des organes. « Les âmes, dit Tertullien, Apologétique, XLVIII, sont incapables de sentir si elles ne sont unies à une matière sensible qui est la chair..... dans laquelle et par laquelle s'exercent leurs facultés. » On peut consulter sur le même sujet St-Thomas et St-Bonaventure, etc.

tement ébranlé dérange l'harmonie organique, rien de plus vrai; mais rien de mieux établi aussi qu'un dérangement du corps trouble les fonctions de l'âme. Il est évident d'après cela que les phénomènes psychiques provenant des sensations aperçues par l'âme, et produites par des impressions qui lui ont été transmises par des organes malades doivent perdre leur caractère normal. C'est le cas des aliénés; ils vivent en général dans un monde imaginaire, résultat de leurs sensations perverties ou déviées, et de leurs perceptions fausses ou erronées qui en sont la conséquence. Il ne se forme plus chez eux que des idées nébuleuses, fantastiques, des conceptions délirantes, de telle sorte que personnes et objets se transforment dans leur cerveau de telle ou telle façon, selon que cet organe se trouve sous une influence oppressive ou excitante. Dans le début de la folie, l'affection de l'organe de la pensée paraît être purement dynamique, et ce n'est que lorsque cet état a duré longtemps que les tissus s'altèrent, circonstance qui rend la maladie incurable.

Cette perversion des sensations, qui reconnaît pour origine une infinité de causes tant morales que physiques, mais ayant toutes pour effet de priver l'individu de son libre arbitre, d'annihiler la conscience des actes qu'il commet et d'enrayer la volonté en portant un trouble plus ou moins profond dans l'innervation, dont les centres nerveux sont le point de départ, soit qu'ils aient été affectés primitivement ou secondairement, s'étend souvent, lorsqu'elle n'est point partie de là, aux sentiments ou facultés affectives et même aux instincts. Dans ce dernier cas, le délire est plus dans les actes que dans les idées.—Voyez cet homme au maintien calme et réfléchi, qui vous tient des discours très sensés et très logiques, et qui cependant a une tendance à des actions répréhensibles, telles que le vol, le meurtre, le suicide, l'incendie, etc., forcé qu'il est d'obéir à une impulsion irrésistible. — Il est bien entendu qu'il n'est question ici que d'un état maladif bien constaté, et non pas de ces penchants vicieux, fruit d'un mauvais naturel que l'éducation n'a point corrigé et qui est la source de tous les crimes. Ce genre de folie, classé dans les monomanies, fait encore aujourd'hui le sujet de discussions sérieuses entre les médecins aliénistes et les magistrats judiciaires, considéré au point de vue de la médecine légale.

Voyez aussi cet autre, dont la physionomie expansive et riante annonce le bonheur; il est, de par la manie, riche à millions, propriétaire de mille châteaux, ce qui ne l'empêche pas de se vautrer dans les ordures, de déchirer ses vêtements et de briser tout ce qu'il rencontre. Son voisin, moins turbulent, est un haut et puissant seigneur, un roi, un empereur, un dieu même, à qui tout le monde doit obéir, sans quoi il entre en fureur. De tels malades laissés dans le monde ne guériront jamais; au contraire, leur mal ne fera qu'augmenter par les mille sujets d'exaspération qu'ils sont exposés à y rencontrer tous les jours.

La vie libre ne convient donc pas aux aliénés lorsqu'on veut les empêcher de nuire, et moins encore lorsqu'on veut les guérir. Placé dans un asile réunissant les conditions que j'ai énumérées, et dans lequel il jouit néanmoins de toute la liberté possible, l'aliéné se trouve dans un monde nouveau qui l'impressionne d'autant plus qu'il se trouve séparé de ses habitudes et de tout ce qui peut alimenter son délire, que ses écarts sont réprimés avec adresse et convenance, au lieu d'être approuvés, ce que font les parents et les amis, ou d'être brutalisé, ce qui arrive souvent; en un mot, le régime qu'il suit, l'ordre qu'il voit autour de lui, la propreté, l'obéissance et le travail ou des occupations incessantes, jointes aux moyens pharmaceutiques, concourent puissamment à remonter cette machine détraquée.

Vous voudrez bien, je l'espère, me passer cette petite dissertation scientifique qui peut paraître un hors-d'œuvre, mais qui a pourtant son importance pour bien faire apprécier les avantages de l'isolement des aliénés qu'on ne peut, en effet, jamais bien traiter dans leurs familles. L'Administration a donc bien mérité de ces malheureux et de la société tout entière; on ne peut qu'applaudir à ses efforts et surtout à sa réussite. Quant à la dépense, lorsqu'il s'agit d'un acte d'humanité, on ne doit jamais y regarder. Pour mon compte, le don de l'écu que j'avais dans ma poche et avec lequel j'ai soulagé une infortune me satisfait plus que sa possession.

J'ai dit que la saignée était en général nuisible dans la folie; permettez que je vous explique pourquoi. Si l'on se donne la peine de suivre la marche de cette maladie, surtout lorsqu'elle revêt la forme maniaque, on ne tarde pas à s'apercevoir qu'elle se montre par accès, pendant lesquels l'individu qui en est atteint présente tous les symptômes d'une exaltation ou d'un surcroît de forces tant physiques que morales. Mais l'accès terminé après une durée plus ou moins longue, cet individu tombe dans une prostration d'autant plus grande que l'accès a été plus long et plus violent. Si pendant l'accès on a affaibli le malade par une sous-traction plus ou moins copieuse de sang, cette pros-tration sera encore plus grande, et souvent telle qu'il ne pourra plus s'en relever. En effet, la réaction ne pouvant pas avoir lieu et la débilité ne faisant qu'aug-menter, l'incurabilité arrive avec la démence qui est le dernier terme de cette affreuse maladie. Je n'ai mal-heureusement que trop souvent l'occasion de vérifier le déplorable résultat de cette pratique chez les indi-vidus qui arrivent à l'asile, presque toujours saignés au blanc.

Au reste l'agitation, l'exaltation, la fureur montée souvent au plus haut diapason qui caractérisent les accès maniaques, qui épouvantent ceux qui en sont témoins et qui donnent l'idée de recourir à des moyens violents pour ramener le calme, ne constituent pas la maladie. Celle-ci consiste, comme je l'ai déjà dit, dans une lésion de la sensibilité morale qui se traduit au-dehors par ces excentricités. Cette lésion est per-manente, elle existe même pendant les moments de calme marqués par la plus grande lucidité, si ce n'est réelle du moins apparente. Les exacerbations, les accès ne doivent être considérés que comme des efforts que la nature fait pour recouvrer ses droits; ce ne sont que des crises qui deviennent salutaires lorsqu'elles sont assez fortes pour surmonter la cause qui les produit et rétablir l'équilibre. Le calme qui succède toujours à cet orage, dont la durée a été plus ou moins longue, est un temps de repos pendant lequel l'organisme fatigué reprend des forces pour recommencer son travail de rétablissement ou de réparation, lorsque le premier n'a point suffi pour ramener l'ordre. —Plus la fureur est grande, plus le malade est agité, plus l'espoir d'une guérison prochaine est grand. On voit quelquefois de ces manies tranquilles, d'une longueur désespérante, se terminer tout à coup par un violent accès. « C'est souvent un grand art, dit Pinel (page 430, de *l'Aliénation mentale*), que de donner à la nature le temps de développer ses ressources et ses efforts salutaires. » Tout ce que l'on peut se permettre pendant la durée de la crise, c'est de mettre le patient dans l'impossibilité de nuire, en lui conservant néanmoins toute la liberté possible. Les bains tempérés, les boissons acidulées, la douceur et les propos bienveillants doivent remplacer la saignée.

N'allez pas croire cependant que je condamne tout à fait cette opération. Il est des cas, quoique rares il est vrai, où elle est absolument nécessaire. Ainsi, lorsque l'individu est pléthorique, la saignée est indispensable. Dans le cas où le trouble de la raison provient ou est entretenu par la suppression des menstrues, ou des hémorrhoïdes, la saignée locale est indiquée.

Mais en voilà bien assez pour vous faire comprendre l'utilité de notre asile et pour justifier les dépenses qu'il nécessite. Il n'appartient qu'à des hommes supérieurs par leur intelligence et leur philanthropie d'en entreprendre et d'en poursuivre l'exécution.

Agréez, etc.

***

Deuxième Lettre.

Monsieur,

Je crois vous avoir suffisamment prouvé, dans ma dernière lettre, l'utilité des asiles des aliénés et l'intérêt qu'ils doivent inspirer à tout le monde. C'est là, en effet, que tout ce désordre, tout ce tumulte, tout ce volcan, si je puis ainsi dire, qui caractérisent la folie en général, viennent s'amortir et s'éteindre comme la barre de fer incandescente dans l'auge humide du forgeron. En y ajoutant quelques mots sur les mauvais effets de la saignée dans cette maladie, j'ai pensé que si par hasard ma lettre parvenait à la connaissance des médecins peu familiarisés avec ce genre d'affections, mes observations, basées sur une longue pratique, pourraient être prises en considération, et des malheureux patients échapper par là aux effets d'une routine dangereuse.

Voici maintenant sur quel plan s'élève notre asile. Vous en connaissez le site et l'orientation qui sont tels qu'on peut le désirer, et dont, par conséquent, je n'ai pas besoin de vous parler. Devant recevoir les hommes et les femmes, il y aura bien entendu deux quartiers séparés. Chacun d'eux sera divisé en deux grandes sections, répondant aux deux ordres qui comprennent toutes les maladies mentales, à savoir : celles

qui ont pour caractère une dépression de l'intelligence, et celles qui sont marquées par son exaltation.
La première section comptera les idiots et les imbécilles, les mélancoliques, les stupides et les démens;
la deuxième, les monomaniques et les maniaques fu-
rieux et tranquilles. Ces types formeront autant de
subdivisions, auxquelles on en ajoutera une pour les
épileptiques et une pour les gâteux à quelque caté-
gorie qu'ils appartiennent. Une infirmerie servira à recevoir les malades atteints d'affections incidentes. Des
salles de bains de toute espèce, affectées séparément aux
deux services, seront organisées en conséquence. De
jolis pavillons, séparés du corps du bâtiment, et don-
nant sur un beau jardin, sont destinés aux pension-
naires. Tous jouiront de la vue de la campagne, de
beaux préaux, et les aliénés disponibles, ceux qui ne
seront pas retenus dans les ateliers, seront appelés aux
travaux de culture variée que comporte la terre qui
environne l'établissement. Les repas seront pris en
commun, et les prières faites à des heures fixes,
comme cela a déjà lieu depuis longtemps, sous la sur-
veillance des bonnes Sœurs de Marie, et répétées en
chœur par tous les assistants. Je ne puis vous donner
une description détaillée du bâtiment avant qu'il ne
soit entièrement achevé. Tout ce que je puis vous dire
pour le moment, c'est que les dimensions sont prises
pour qu'il puisse convenablement recevoir au moins
trois cents malades.

D'après la classification que je viens d'indiquer, et
qui est à peu près celle adoptée dans tous les asiles,
vous avez dû voir que la folie n'est pas une unité

morbide, une maladie unique; elle comprend, en
effet, plusieurs maladies tout à fait opposées par la
nature de leurs symptômes et, par conséquent, par le
traitement qu'elles réclament. Eh bien ! dans chacun
de ces types, que l'on peut réduire à trois principaux:
la monomanie, la manie et la mélancolie, il y a des
individus dont la curabilité est probable, tandis que
l'incurabilité des autres est chose à peu près certaine
lorsqu'elle ne l'est pas tout à fait. Parmi les incurables, on doit placer les idiots, les imbécilles, les para-
lytiques, les épileptiques et les démens. On pourrait
y ajouter aussi les mélancolies et les manies ancien-
nes, mais comme on a vu des guérisons survenir
après une durée indéterminée de ces maladies, et
alors même qu'on en désespérait, on ne saurait les
placer au nombre des incurables.

Cette distinction de curables et d'incurables est
d'une grande utilité, car si dans un établissement dont
la population est fixée on admet indistinctement les
uns et les autres, il en résultera nécessairement qu'à
un moment donné les incurables ne laisseront plus
de place pour ceux dont on pourrait espérer la guérison, ce qui serait certainement un malheur. C'est
assez vous dire combien les admissions doivent être
restreintes. Selon moi, elles devraient être bornées
aux maladies récentes, à celles, quelle que soit leur
date, dont les individus qui en sont atteints présen-
tent des dangers pour l'ordre public et la sécurité des
personnes. En en agissant autrement, on ôte à l'établissement sa valeur réelle, et, aux yeux du public,
une grande partie de son importance; il devient un

asile d'incurables, une sorte de *vade in pace*, dont l'idée seule peut attrister les familles que le malheur oblige d'y avoir recours, et leur faire perdre tout espoir d'une *résurrection* intellectuelle souvent ardemment désirée, et l'espoir, comme vous le savez, est la dernière chose qui nous abandonne. Il faudrait donc exclure les idiots, les imbécilles et les épileptiques qui ne sont pas réellement aliénés.

En émettant cet avis, je ne prétends nullement assigner des bornes à la philanthropie de nos magistrats, mais il me semble que, sans rien sacrifier de cette qualité précieuse, on pourrait débarrasser l'établissement de ces malheureux en les plaçant dans le quartier des infirmes. Ainsi déblayé, l'asile prendrait un tout autre aspect, les malades, les mélancoliques surtout, n'auraient point sans cesse devant eux le tableau affligeant des plus grandes dégradations humaines, le nombre proportionnel des guérisons serait plus considérable, ce qui serait encourageant pour les malades, pour le médecin et pour les familles.

Après vous avoir donné mon sentiment sur les admissions, je vous dois quelques observations sur les sorties. Ce n'est pas tout d'avoir guéri un fou, il faut encore, autant que possible, prévenir sa rechute. S'il en est plusieurs qui reçoivent dans leurs familles des soins empressés et entendus, il en est beaucoup qui manquent de cet avantage, soit qu'ils n'aient pas de famille, ou soit que celle-ci manque des ressources nécessaires pour son entretien. Dans ces deux cas, les pauvres guéris obligés de gagner leur vie doivent solliciter du travail; mais par un de ces préjugés inqualifiables, par une de ces fatalités attachées au malheur, ces victimes du sort sont le plus souvent, repoussées, et la misère et le désespoir ne peuvent point manquer de ramener chez eux les accidents qui les avaient conduits à l'asile. Pourquoi n'existe-rait-il pas une société *protectrice* de ces malheureux, qui se chargerait de leur procurer du travail et de les consoler par quelques secours pécuniaires et moraux? Cette société de bienfaisance ne pourrait-elle pas prendre également sous sa protection ceux des con-damnés pour crimes qui, à l'expiration de leur châ-timent, rentrent dans la société où tout le monde les repousse, ce qui les expose, les force même quelque-fois à retomber dans les mêmes fautes? Ainsi, par ce moyen, les uns seraient ramenés à une guérison com-plète, et les autres à la vertu; la rechute du mal et la rechute du vice seraient prévenues..... Quelle satis-faction pour des âmes généreuses!

Ne croyez pas que ce que je vous dis là soit une uto-pie; déjà depuis plusieurs années des sociétés de ce genre existent dans plusieurs villes, je vous citerai entr'autres Rouen; elles fonctionnent à merveille, et, s'il faut en croire les rapports, les résultats en sont très satisfaisants.

Je vous ai parlé de l'influence de l'isolement sur les aliénés; cette influence est telle que souvent dès le moment de leur entrée dans l'établissement les mala-des, même les plus agités, deviennent calmes, et il est quelquefois très difficile de reconnaître au pre-mier examen qui, d'après la loi, doit être fait dans les premières vingt-quatre heures, si la folie existe réellement. Le délai de quinze jours accordé pour compléter cet examen n'est pas toujours suffisant : il y a des folies intermittentes et des folies périodiques dans lesquelles les intervalles lucides sont très longs. Il serait à désirer que les médecins de ces malades voulussent se donner la peine de consigner dans leur certificat toutes ces particularités, en y ajoutant les caractères de la maladie. Par ce moyen, le médecin de l'établissement ne serait pas exposé à renvoyer des individus qui peuvent être effectivement malades.

Vous me permettrez de vous entretenir prochainement et d'une manière plus étendue et plus complète de notre asile et de ses intéressants habitants. Mais je ne terminerai pas ma lettre sans rendre un hommage public aux talents et au bon goût de l'auteur du projet du nouvel asile, M. Gentil, architecte du département, dont tout le monde se plaît à reconnaître le mérite supérieur.

Je crois pouvoir dire, sans crainte d'être taxé d'exagération, que la ville d'Auch et le département du Gers comptent un monument utile de plus.

Agréez, etc.

www.ingramcontent.com/pod-product-compliance
Lightning Source LLC
Chambersburg PA
CBHW061819060726
47597CB00008B/3267